Fritz Kreisler
1875 – 1962

# Liebesfreud · Liebesleid
# Schön Rosmarin

(Alt-Wiener Tanzweisen)

für Klavier vierhändig
for Piano Duet
pour Piano à quatre mains

Bearbeitet von / Arranged by / Arrangé par
Fritz Emonts

**ED 9019**
ISMN 979-0-001-12200-9

www.schott-music.com

Mainz · London · Berlin · Madrid · New York · Paris · Prague · Tokyo · Toronto
© 1997/2011 SCHOTT MUSIC GmbH & Co. KG, Mainz · Printed in Germany

Cover: H. J. Kropp
unter Verwendung einer Farblithographie
aus: Meggendorfer Blätter, Band 44 Nr. 1,
München und Wien 1900, S. 1
Archiv für Kunst und Geschichte, Berlin

# Vorwort

Fritz Kreisler wurde am 2. Februar 1875 in Wien geboren und starb am 29. Januar 1962 in New York. Im Alter von vier Jahren erlernte er das Geigenspiel und erhielt bereits mit sieben Jahren Unterricht bei Joseph Hellmesberger, als jüngster Schüler des Wiener Konservatoriums. Anschließend führte er seine Studien bei Lambert Massart am *Conservatoire National Supérieur* in Paris fort. Mit elf Jahren wurde ihm der *Premier Prix* zuerkannt. Von diesem Zeitpunkt an erhielt Kreisler keinen Unterricht mehr.

1888 hörte der Pianist Moriz Rosenthal den jungen Geiger und engagierte ihn für eine sechsmonatige Konzerttournee durch die USA. Nachdem Kreisler zwei Jahre lang die medizinische Fakultät in Wien und seinen Militärdienst in Österreich absolviert hatte, faßte er mit 21 Jahren den Entschluß, die Musik zu seinem Beruf zu machen. Er gab Konzerte in Skandinavien, Rußland und in der Türkei. 1898 trat Kreisler erstmals mit den Wiener Philharmonikern unter der Leitung von Hans Richter auf; im darauffolgenden Jahr spielte er mit den Berliner Philharmonikern unter der Leitung von Artur Nikisch.

Kreisler war einer der bedeutendsten Geiger seiner Zeit. Während des zweiten Weltkrieges nahm er die amerikanische Staatsbürgerschaft an und siedelte nach New York über. Seine humanitäre Einstellung bewies er, als er nach dem Krieg eine Zeitlang die Schulspeisung der Kinder in Wien finanzierte. Kreisler war nicht nur ein bedeutender Geiger, sondern auch ein talentierter Komponist: am Pariser *Conservatoire* hatte er bei Léo Delibes auch Harmonielehre und Kontrapunkt studiert. Er ist also einer der letzten Vertreter jener Generation von Geigern, die gleichzeitig Komponisten waren. Kreislers Kompositionen gehören inzwischen zum Standardrepertoire für Geige, und seine Kadenz zum Violinkonzert von Beethoven ist die meistgespielte neben der von Joseph Joachim.

Die *Alt-Wiener Tanzweisen*, original für Violine und Klavier komponiert, erscheinen erstmals in einer Bearbeitung für Klavier vierhändig. Der Wiener Charme dieser Musik hat dafür gesorgt, daß die Stücke auf der ganzen Welt bekannt sind. Der für Wien typische Dreivierteltakt erfordert eine gewisse, kaum notierbare Freiheit der Tempogestaltung ohne metronomischen Zwang.

Fritz Emonts

# Preface

Fritz Kreisler was born in Vienna on 2 February 1875 and died in New York on 29 January 1962. Kreisler learnt to play the violin at the age of four and by the time he was seven he was taking lessons from Joseph Hellmesberger at the Vienna Conservatory where he was the youngest pupil. He continued his studies with Lambert Massart at the *Conservatoire National Supérieur* in Paris. At the age of eleven he was awarded the *Premier Prix*. After that Kreisler had no further tuition.

In 1888 the pianist Moriz Rosenthal heard the young violinist play and engaged him for a six month concert tour of the USA. After Kreisler had studied medicine in Vienna for two years and had completed his military service in Austria, he resolved, at the age of 21, to make music his career. He gave concerts in Scandinavia, Russia and Turkey. In 1898 Kreisler appeared for the first time with the Vienna Philharmonic under Hans Richter, and in the following year he played with the Berlin Philharmonic under Artur Nikisch.

Kreisler was one of the most outstanding violinists of his time. During the Second World War he acquired American citizenship and emigrated to New York. His humanitarian attitude showed when he financed the school meals of the children in Vienna for some time after the war. Kreisler was not only an outstanding violinist but also a gifted composer. (He studied harmony and counterpoint at the Paris *Conservatoire* with Léo Delibes). He is thus one of the last representatives of that generation of violinists who were also composers. Kreisler's compositions have become part of the standard repertoire for violin, and his cadence of Beethoven's Violin Concerto is the most played cadence besides that of Joseph Joachim.

The *Alt-Wiener Tanzweisen* ("Old Viennese Dance Tunes"), originally composed for violin and piano, are for the first time published in an arrangement for piano duet. The Viennese charm of this music has made the pieces known all over the world. The three-four time, typical of Vienna, demands a certain, hardly to be notated freedom of interpretation as regards tempo without metronomic constraint.

Fritz Emonts

# Préface

Fritz Kreisler naquit à Vienne le 2 février 1875 et mourut à New York le 29 janvier 1962. Kreisler apprit le violon à l'âge de quatre ans et prit des cours auprès de Joseph Hellmesberger dès l'âge de sept ans; il était alors le plus jeune élève du Conservatoire de Vienne. Il poursuivit ensuite ses études au *Conservatoire National Supérieur* de Paris auprès de Lambert Massart. Il reçut le *Premier Prix* à l'âge de onze ans. A partir de ce moment-là, Kreisler ne prit plus de cours.

En 1888, le pianiste Moriz Rosenthal entendit le jeune violoniste et l'engagea pour une tournée de concerts de six mois à travers les Etats-Unis. Après deux ans d'études à la faculté de médecine de Vienne et après avoir fait son service militaire en Autriche, il décida à 21 l'âge de ans de faire de la musique son métier. Il donna des concerts en Scandinavie, en Russie et en Turquie. En 1898, Kreisler se produisit pour la première fois avec l'Orchestre Philharmonique de Vienne sous la direction d'Artur Nikisch.

Kreisler fut un des violonistes les plus importants de son époque. Pendant la Deuxième Guerre Mondiale, il prit la nationalité américaine et émigra à New York. Son attitude humanitaire se manifesta par son financement des cantines scolaires des enfants à Vienne pendant quelque temps après la guerre.

Kreisler ne fut pas seulement un violoniste important, mais aussi un compositeur de talent, qui avait étudié l'harmonie et le contrepoint auprès de Léo Delibes au *Conservatoire* de Paris. Il est donc l'un des derniers représentants de la génération des violonistes compositeurs. Aujourd'hui, les compositions de Kreisler font partie du répertoire standard pour violon, et sa cadence du concerto pour violon de Beethoven est la plus jouée outre celle de Joseph Joachim.

Les *Alt-Wiener Tanzweisen* («Vieux airs de danse viennois»), originairement composés pour violon et piano, sont publiés pour la première fois en un arrangement pour piano à quatre mains. Le charme viennois de cette musique a fait les pièces connues dans le monde entier. La mesure à trois-quatre, typiquement viennoise, exige une certaine liberté d'interprétation quant au tempo, à peine à noter, sans contrainte métronomique.

Fritz Emonts

# 1. Liebesfreud

Fritz Kreisler
1875 - 1962

© 1997 Schott Music GmbH & Co. KG, Mainz
for all countries except USA, Mexiko and Russia
49 127

*) ab lititum: beim ersten Mal nur rechte Hand spielen, ohne Oktavierung
the first time play only the right hand, without the octave
jouer la première fois seulement la main droite, sans jouer à l'octave

# 2. Liebesleid

Fritz Kreisler

**Tempo di Ländler**

# 3. Schön Rosmarin

Schott Music, Mainz  49 127